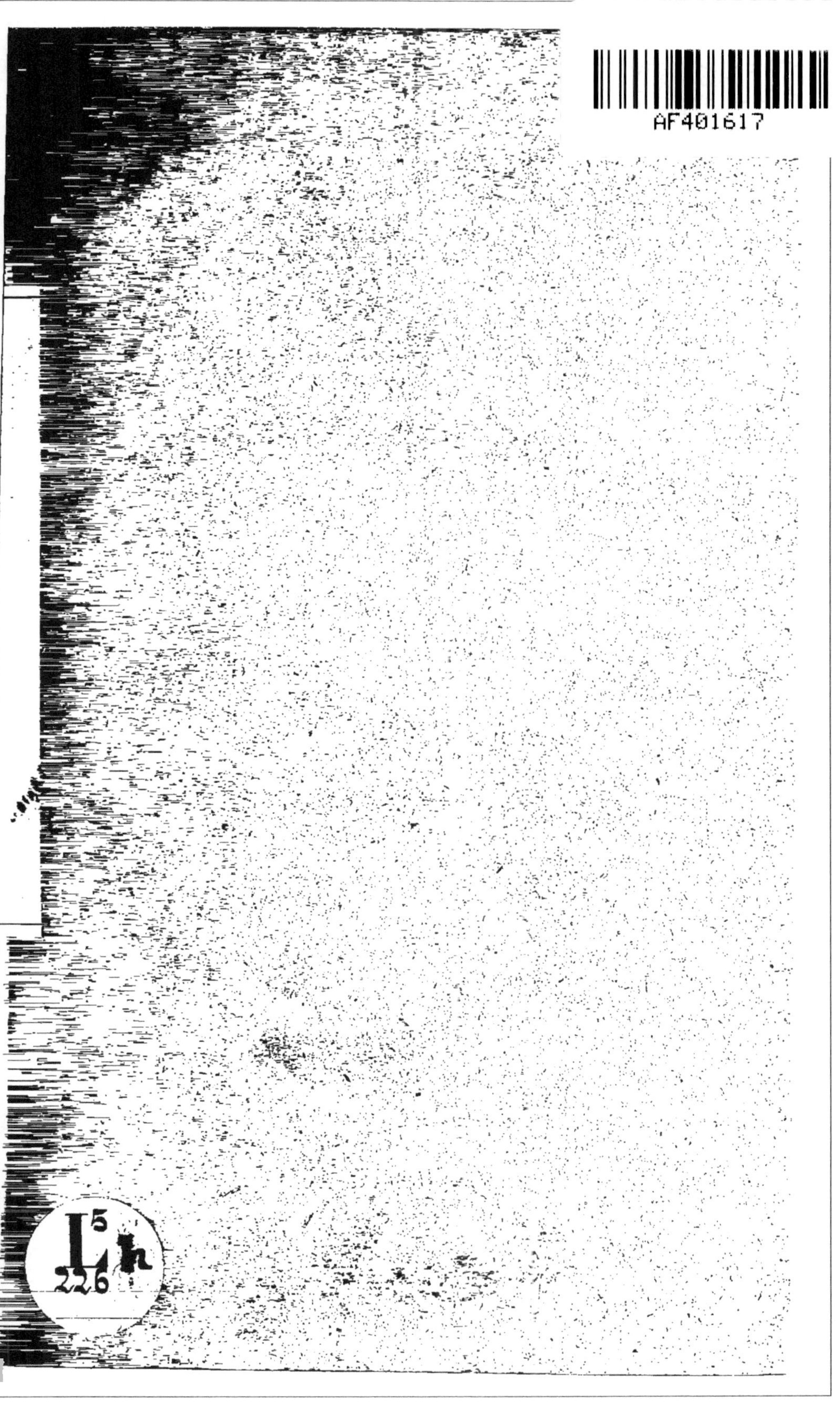

NOTICE

SUR LE

COMBAT DE CAMPILLO-DE-ARENAS,

PRÉCÉDÉE

D'OBSERVATIONS SUR LA CAMPAGNE DE 1823

EN ESPAGNE (1).

La situation géographique de la France et de l'Espagne impose à ces deux nations l'obligation d'une

(1) Nous devons cette intéressante Notice à M. le maréchal Molitor,
qui plusieurs fois a bien voulu enrichir le *Spectateur* de documents
historiques sur les événements auxquels il a pris une part glorieuse. Il
serait à désirer qu'il trouvât de nombreux imitateurs dans les premiers
rangs de l'armée ; mais malheureusement nous voyons chaque jour dis-
paraître nos sommités militaires, et s'éteindre avec elles des souvenirs
précieux pour l'histoire de nos immortelles campagnes.

Les Considérations qui précèdent la relation du combat de Campillo-
de-Arenas, et qui ne sont que le développement de ce qu'on appelle la
politique de la guerre, étaient écrites avant les événements dont la Péninsule vient d'être le théâtre.

1841   1

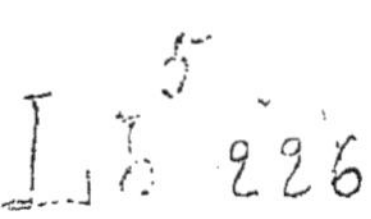

étroite alliance, quelle que soit d'ailleurs la forme de leur gouvernement. Cette alliance importe surtout à la France, et doit être un principe immuable de sa politique.

La plupart des guerres que la France a eu à soutenir, se sont portées au nord-est de ses frontières; il est vraisemblable qu'il en sera de même à l'avenir; or, supposons que cette puissance eût en même temps à combattre, ou seulement à se garder du côté des Pyrénées, voilà un intervalle de plus de 200 lieues qui sépare ses armées du nord et du midi, ce qui rend impossible toute coopération entre elles, et peut entraîner les suites les plus funestes pour le pays.

Si une simple diversion de la part de l'Espagne peut obliger la France à laisser des forces imposantes sur sa frontière du Midi, que serait-ce dans le cas d'une coalition, si le cabinet de Madrid, appuyé par l'or et les soldats d'une puissance rivale de la France, jetait le poids de ses forces sur cette frontière, et qu'il existât de la fermentation dans nos provinces du Midi?

Ces graves considérations ont sans doute frappé depuis long-temps les hommes d'État qui ont présidé aux destinées de la France : de là, tous les efforts de Louis XIV pour fonder d'une manière stable l'alliance entre les deux nations, en plaçant un prince de sa famille sur le trône d'Espagne.

Ce n'est pas impunément qu'un principe de politique aussi fondamental a été méconnu plus tard, et on sait ce qu'il en a coûté à l'Empereur Napoléon pour avoir voulu soutenir, à la fois la guerre dans le nord de l'Europe et dans la Péninsule, d'autant plus qu'en Espagne où la nature a tout fait pour la défense du territoire, les sympathies ou l'aversion du peuple sont plus puissantes que les armées qui peuvent lui être opposées.

La bonne intelligence et même la sympathie régnaient entre les deux nations, malgré la différence du principe politique de leur gouvernement. L'Espagne avait mis sa flotte et son armée à la discrétion de la France. Cette flotte avait combattu vaillamment à Trafalgar à côté des vaisseaux français. Un corps d'armée espagnol se battait loyalement pour la France sur les bords de la Baltique, lorsque Napoléon fit envahir, par surprise, les places et le territoire de son allié le roi d'Espagne.

Cet événement inattendu produisit une explosion électrique dans toute la Péninsule; au même instant, toute la population soulevée courut aux armes, et dès lors les dispositions amicales du peuple espagnol pour les Français firent place à la haine et à l'esprit de vengeance le plus implacable. Cette exaspération ne fit que s'accroître par suite des rigueurs exercées sur la famille royale, par la prolongation de la guerre et des charges qu'elle fit peser sur le pays.

Ainsi fut rompue, au grand détriment de la France, cette union entre les deux peuples, qui devait être regardée, par tout gouvernement français, comme un principe immuable de sa politique.

Avoir effacé le souvenir de tant de haines et de calamités, avoir rétabli la bonne intelligence et l'amitié qui unissaient autrefois les deux peuples, être enfin rentré honorablement dans tous les avantages du principe politique qui vient d'être exposé, tel est incontestablement le résultat immense, éminemment national, que l'armée française, par sa modération et son admirable discipline a obtenu dans son expédition de 1823.

Ajoutons qu'il n'a pas tenu aux démarches et aux efforts d'un des chefs de cette armée que d'autres avantages n'eussent été obtenus, et que les places de Sarrelouis et Landau n'eussent été rendues à la France, comme compensation des frais de cette campagne.

Cependant, dans un temps où les partis politiques ne sont pas toujours d'accord avec les vrais intérêts de la politique nationale, l'armée d'Espagne n'a pu éviter la censure de ceux qui ont confondu injustement dans une même réprobation, le principe politique de l'expédition et l'expédition elle-même.

Mais à quelle époque de l'histoire a-t-on vu une armée devenir responsable de la politique de son gouvernement? Les conséquences d'une pareille doctrine ne seraient-elles pas subversives de tout ordre social? car la première de ces conséquences serait d'obliger, au moment d'agir, l'armée et ses généraux à délibérer sur le principe de la guerre et des ordres qui leur seraient donnés. N'est-il pas évident qu'alors il n'y aurait ni armée, ni gouvernement, ni corps social possibles?

On pourrait citer plus d'un cabinet qui n'a recueilli que blâme et désastres de la guerre suscitée par sa politique, tandis que l'armée moissonnait des lauriers et se couvrait d'une gloire immortelle.

La guerre que Napoléon a faite pendant sept ans à l'Espagne, a trouvé certes peu d'approbateurs dans l'armée et hors de l'armée, cependant il n'est venu dans la pensée d'aucun militaire d'hésiter à servir, à cause du principe politique de cette guerre, et d'un autre côté personne n'a songé à refuser à l'armée impériale et à ses généraux le tribut d'éloges qu'ont mérité leur dévouement et leurs glorieux travaux.

Le fait de l'armée est de soutenir la gloire de nos armes et d'honorer le nom français, par sa discipline autant que par sa valeur. L'armée d'Espagne en 1823 n'a certes manqué à aucun de ces devoirs ; elle a fait plus, elle s'est opposée a toute réaction, elle a constamment protégé les vaincus et les opprimés : accueillie à son entrée et pendant toute sa marche dans la Péninsule par les acclamations passionnées de toute la population, elle en est sortie avec l'estime et la sympathie de toutes les classes d'habitants, de tous les partis, sans en excepter ceux qui avaient été ses adversaires. Enfin l'armée a obtenu le grand résultat politique et national qui importe le plus à la France, le rétablissement de l'amitié entre les deux peuples voisins.

Les censeurs de l'armée d'Espagne ont aussi cherché à rabaisser le mérite de ses opérations militaires, en alléguant la faible part de dangers qu'elle aurait eu à braver, et le peu de sang qui a été répandu.

Sans aucun doute, cette guerre n'a présenté ni les difficultés, ni l'éclat de la précédente ; dans cette dernière, les Français avaient non seulement à combattre l'ennemi en bataille rangée, mais, ce qui n'était pas moins difficile et périlleux, ils avaient à se défendre sans cesse contre une grande partie de la population, formée en guérillas qui harcelaient les détachements, interceptaient les convois, les courriers, immolaient souvent sans pitié les malades, les blessés, les hommes marchant isolément ou en petit nombre, et tenaient pour ainsi dire comme bloqués dans leurs positions les différents corps de l'armée française.

Ces difficultés étaient considérables, l'armée ne devait point les rencontrer en 1823, puisqu'alors le peuple espagnol était unanimement prononcé en sa faveur : mais quant à la force numérique des troupes régulières, quant aux moyens de toute espèce de soutenir la guerre avec avantage, la supériorité se trouvait assurément du côté de l'armée des Cortès. Cette armée bien organisée comptait plus de cent mille combattants, dont une partie était d'anciens soldats, commandée par des généraux qui avaient fait toutes les campagnes des guerres de l'indépendance et de l'Amérique, et qui s'étaient acquis de la réputation : cette armée était en possession de toutes les places, de tous les défilés, de tous les moyens dont pouvait disposer le gouvernement.

L'armée française, notoirement inférieure en nombre, ne possédait pas une seule place, pas un seul point qui pût lui servir de base d'opération : elle attachait son honneur à ne devenir ni l'appui, ni l'instrument des vengeances de parti, et à maintenir partout l'ordre et la sécurité ; mais elle ne pouvait accomplir cette noble tâche sans s'affaiblir, en fournissant de nombreux détachements. Le 2ᵉ corps, commandé par le général Molitor, a dû en vue de ce but laisser derrière lui à Saragosse, à Valence, à Murcie, des forces considérables, à tel point que lorsque son adversaire le général Ballesteros lui présenta la bataille à Campillo-de-Arenas, le corps d'armée français était de moitié inférieur à celui qui lui était opposé.

L'armée française a donc dû suppléer au nombre par la combinaison et la vivacité de ses marches, par la supériorité et la résolution de ses manœuvres.

C'est ainsi que dans une seule campagne et après bon nombre de combats brillants, la plus grande partie de l'armée des Cortès a été faite prisonnière de guerre ou a capitulé sur le champ de bataille. A l'égard des places, les unes ont été prises de vive force, les autres se sont rendues par capitulation.

Cependant, malgré des résultats aussi grands, aussi complets, les ennemis de l'expédition objectent encore que pour la gloire de l'armée française il y a eu trop peu de sang répandu.

D'après les rapports officiels et nominatifs des régiments, il est bien constaté que l'armée a eu plusieurs milliers d'hommes hors de combat, et certes le nombre en est encore trop considérable pour une expédition de conciliation, où l'on s'est battu avec courtoisie et sans acharnement.

D'ailleurs la gloire d'une armée ne se mesure pas sur la quantité de sang qu'elle a fait répandre : il a toujours été aussi glorieux de faire des prisonniers à l'ennemi ou de le forcer à capituler que d'immoler des hommes sur le champ de bataille, car l'effusion de sang n'est qu'un moyen d'atteindre le but de la guerre, mais n'est pas le but même.

Ajoutons que la guerre à *coups d'hommes*, qui accuse le plus souvent l'absence de toute tactique, est certainement la moins glorieuse de toutes les guerres ; c'est ainsi que l'entendaient les Romains qu'il faut toujours citer lorsqu'il est question de grandeur et de gloire. Une des conditions exigées pour obtenir à Rome les honneurs du triomphe était que dans la victoire remportée par les troupes de la République, il fût resté peu de Romains sur la place, et cinq mille ennemis au moins.

COMBAT DE CAMPILLO-DE-ARENAS.

—

La 2e armée d'opération aux ordres du général Ballesteros, forte de 20 à 25,000 hommes, était composée
des plus vieilles troupes de l'Espagne; elle tenait le
bas Ébre, d'Alagon à Mequinenza, se liant par sa
droite à l'armée de Catalogne qui occupait Lerida et
Balaguer; l'importance et l'étendue du territoire qu'elle
avait à défendre, la renommée de son chef, tout as-
signait à cette armée un des principaux rôles de la
campagne; elle couvrait, en partie, la Navarre et l'Aragon, de plus les royaumes de Valence, de Murcie, de
Grenade, d'où elle pouvait tirer les renforts, le matériel et les subsistances qui lui étaient nécessaires pour
se maintenir sur l'Ébre. A cette armée était opposé le
2e corps de l'armée française, commandé en chef par
le général Molitor; il était composé de deux divisions
d'infanterie aux ordres des généraux Loverdo et Pam-
phile Lacroix, ce dernier remplacé ensuite par le général Pelleport, et d'une division de quatre régiments
de dragons commandée par le général Domon.

Chacune des divisions d'infanterie était formée de
trois petites brigades, dont une, la première, n'avait
que deux bataillons et huit escadrons; les deux autres avaient quatre bataillons, ce qui portait la force du
corps d'armée, y compris les troupes de l'artillerie et
du génie, à moins de 19,000 hommes.

Les mouvements rapides du 2e corps avaient succes-

sivement forcé l'armée du général Ballesteros d'évacuer
Saragosse et toute la rive gauche de l'Èbre, à lever
précipitamment le siége de Murviedro (ancienne Sa-
gonte) avec perte de toute son artillerie de position,
et à se voir enlever de vive force les places d'Alcira et
de Lorca.

L'armée espagnole se retirant ainsi, en évitant toute
action décisive, semblait vouloir attirer l'armée française au fond de la Péninsule, l'obliger de cette manière à disséminer ses forces sur une ligne d'opération
d'une immense étendue, et à combattre ensuite sur un
terrain défavorable sans base d'opération, laissant derrière elle et sur ses flancs des places fortes remplies
d'ennemis.

Afin d'empêcher les réactions politiques et assurer
la tranquillité du pays, le 2ᵉ corps avait dû laisser des
garnisons à Saragosse, à Valence, et des forces plus
considérables dans le royaume de Murcie pour contenir
les places de Carthagène et d'Alicante, où le général
Ballesteros avait placé Torrijos avec une division active.
D'autres troupes avaient été laissées à Lorca et sur d'autres points de la ligne d'opération menacés par une
colonne de plusieurs milliers d'hommes aux ordres du
général Chapalanguerra, qui embusqué, dans les montagnes, avait mission de harceler le flanc droit du corps
d'armée français, tandis que Torrijos agirait sur son
flanc gauche et sur ses derrières. L'armée du général
Ballesteros qui s'était repliée au-delà de Grenade,
voyant le 2ᵉ corps marcher de Lorca sur Grenade, re-
vint sans bruit sur ses pas, et se plaça le plus secrè-
tement possible au pied des montagnes qui flanquent
la droite de la route de Guadix à Grenade, occupant,
le 24 juillet, Isnallos, Guadal-Huertuna et Moreda, es-

pérant surprendre et prendre en flanc le 2ᵉ corps pendant que celui-ci s'approchait de Grenade, et comptant d'ailleurs sur l'action simultanée des généraux Torrijos et Chapalanguerra.

De son côté, le général Molitor, arrivé le même jour à Guadix à la tête du 2ᵉ corps, fut informé du mouvement et de la position de l'armée espagnole, et vit l'orage qui se formait à sa droite sur les montagnes ; alors au lieu de continuer à s'avancer sur la route de Grenade, il fit ses dispositions pour marcher, le lendemain, droit à l'armée du général Ballesteros ; en conséquence, le 25, avec la division Loverdo, il se porta de Guadix sur Moreda, envoya l'ordre à la division Pelleport de marcher de Gor sur Gacalego, et à la division Domon de se porter de Baza sur Almiar.

Ce mouvement prononcé enlevait aux Espagnols tout espoir d'agir, pour le moment, sur le flanc de l'armée française, et les obligeait au contraire à recevoir enfin la bataille : le général Ballesteros s'y détermina d'autant plus aisément, qu'il se trouvait sur un terrain de chicane qui jadis lui avait été favorable. Il avait à sa portée la sierra de las Albuñuelas, qui s'étend entre cette rivière et le Rio-de-Campillo et les routes de Grenade à Jaën et Cambil ; il porta donc son armée sur cette avantageuse position, laissant pour couvrir sa manœuvre le baron de Carondelet à Guadal-Huertuna avec l'élite de sa cavalerie au nombre de 1,200 chevaux.

Le général en chef s'étant rendu dans la même journée à Moreda, avec la division Loverdo, poussant devant elle les postes de l'arrière-garde ennemie, détacha à leur poursuite le général Bonnemains. Ce général, qui n'avait avec lui qu'une compagnie de voltigeurs du 4ᵉ léger et 400 chevaux des 10ᵉ et 19ᵉ de chasseurs, n'hésita pas à aborder le corps de cavalerie espagnol qui fit d'abord bonne contenance, mais qui fut ensuite culbuté complétement, après plusieurs charges audacieuses dans le village de Guadal-Huertuna et sur les plateaux qui le couronnent.

Ce combat de cavalerie fut brillant; l'ennemi laissa le champ de bataille couvert de morts, de blessés; il y perdit un étendard et 200 cavaliers faits prisonniers, dont trois lieutenants-colonels et huit capitaines ou lieutenants.

Le général Molitor ayant alors la certitude que l'armée du général Ballesteros l'attendait de pied ferme entre Campillo-de-Arenas et Cambil, manœuvra pendant les journées des 26 et 27 de manière à donner le change à l'ennemi en le menaçant sur toute sa ligne de bataille qui avait plusieurs lieues d'étendue, et, par une marche rapide qu'il déroba à son adversaire, porta la majeure partie de ses forces contre la droite de l'armée espagnole, laissant pour tenir en échec l'aile gauche, quelques escadrons de cavalerie légère dirigés par des officiers intelligents ; il donna immédiatement l'ordre suivant :

« Monteijar, le 27 juillet 1823.

» Demain 28, le 2ᵉ corps d'armée attaquera l'en- » nemi à Campillo-de-Arenas.

» Le général Loverdo, avec sa division, partira de » Monteijar demain vers six heures du matin, aussitôt » qu'il verra déboucher la division Pelleport, et se por- » tera par le chemin direct sur Campillo-de-Arenas, » après avoir laissé son matériel à la suite de cette » division; arrivé à environ trois quarts d'heure de

» Campillo-de-Arenas, à hauteur du Cortijo del Zaque,
» le général Loverdo s'arrêtera pour voir arriver sur sa
» gauche la division Pelleport avec laquelle il commu-
» niquera au besoin.

» Le général Pelleport, avec sa division, partira de
» Guadal-Huertuna demain, vers trois heures du matin,
» afin d'arriver à Monteijar avant six heures; de là il
» se portera sur Campillo-de-Arenas par le chemin
» carrossable qui passe par Novalego; arrivé à environ
» une heure de Campillo-de-Arenas, et à hauteur du
» Cortijo del Zaque, le général Pelleport se mettra en
» communication avec la division Loverdo.

» Cette reconnaissance faite, les deux divisions se
» dirigeront sur le point d'attaque; le général Loverdo
» s'emparera des hauteurs qui dominent Campillo-de-
» Arenas d'où il prendra la direction qu'il jugera con-
» venable, mais en tâchant toujours de lier ses mou-
» vements avec ceux de la division Pelleport. Le
» général Pelleport attaquera en même temps le flanc
» de l'ennemi, et saisira tous les avantages de sa posi-
» tion pour lui couper la retraite.

» Le général Domon, avec ses dragons, soutiendra
» les mouvements de la division Pelleport, et consom-
» mera la victoire que l'on doit attendre de la valeur
» des troupes, des talents et de l'énergie de MM. les
» généraux. Le général en chef sera avec la division
» Pelleport. »

Cependant au moment d'attaquer l'ennemi une dif-
ficulté inopinée se présenta, ce fut le manque de pain.
Le général Molitor se vit obligé de détacher le général
Ordonneau, avec cinq bataillons et un régiment de
cavalerie sur Grenade pour s'en emparer, y faire des

vivres et observer le corps de Zayas ; mais il n'en persista pas moins dans la résolution de livrer bataille malgré la diminution de ses forces, qui se trouvaient réduites à 6 ou 7,000 hommes. L'armée espagnole, malgré les pertes qu'elle avait essuyées par les combats et la désertion, comptait encore 12,000 soldats éprouvés et dévoués à leurs chefs, et le général Ballesteros lui avait choisi une position où elle semblait pouvoir braver au moins les efforts des Français.

Campillo-de-Arenas est situé dans la partie la moins étroite d'une vallée resserrée entre deux chaînes de montagnes fort élevées et escarpées ; celle qui regarde le royaume de Grenade porte le nom de las Albuñuelas et sur celle du côté de Jaën s'élève un rocher à pic formant un saillant appelé le Castillo à cause d'un château qu'y avaient bâti les Maures pour commander la route de Grenade à Jaën. La vallée arrosée par un ruisseau (le Dormillo) qui y prend sa source, est tout-à-coup comblée, pour ainsi dire, par des élévations considérables de terrain, divisées entre elles par des déchirements plus ou moins profonds, dans l'un desquels le Dormillo s'est fait un passage. La route de Campillo-de-Arenas à Jaën et celle de Cambil, qui pendant l'espace de deux heures à peu près n'en font qu'une, suivent le cours du torrent, ou plutôt ne sont autre chose que le lit même de ce torrent resserré dans un ravin profond. A deux heures de Campillo-de-Arenas, le chemin de Cambil suit la même direction dans les gorges ; la route de Jaën prend à gauche la direction du Dormillo, et va sortir avec lui de cette espèce de citadelle par le Puerto-de-Arenas qui coupe la chaine où est situé l'immense rocher du Castillo, à peu près à trois quarts d'heure de ce point. Le pays alors devient un peu plus ouvert, et s'affaisse insensiblement dans la direction de Carcelejos et de Jaën.

C'était sur ces chaînes, en appuyant sa droite à Nova-lejo, sa gauche vers Cambil, que le général Ballesteros avait disposé son armée.

Le même jour, 28 juillet, les colonnes du 2e corps se mirent en marche aux heures et dans les directions indiquées, et exécutèrent leurs mouvements avec ordre et ensemble.

A une petite heure de Montcijar, le général en chef marchant en avant de la division Pelleport avec une es-corte de 50 chasseurs du 20e régiment, rencontra une reconnaissance de 150 cavaliers espagnols qui le reçut à coups de carabine : aussitôt l'escorte commandée par le capitaine de l'Enferna fondit sur l'ennemi et le défit complétement ; un lieutenant-colonel, trois autres officiers et dix cavaliers restèrent sur le champ de ba-taille, presque tout le reste fut fait prisonnier ; ce début était d'un heureux augure.

Bientôt après le général Loverdo, qui devait d'abord s'emparer des Albuñuelas, ne tarda pas à entrer en action, une colonne d'infanterie ennemie qui longeait son flanc droit et cherchait à manœuvrer sur ses der-rières, gravissait les hauteurs de Santa-Coloma ; le général Corsin l'attaqua avec un bataillon de voltigeurs soutenu par le 1er et le 11e de ligne : ce mouvement se fit avec tant de résolution et d'intelligence, que l'en-nemi, malgré l'avantage du nombre et de la position, fut repoussé des hauteurs de Santa-Coloma ; une partie du régiment léger d'Aragon fut fait prisonnier, après avoir laissé sur le champ de bataille un grand nombre de blessés et une quarantaine de morts, dont un lieutenant-colonel et plusieurs officiers.

La réussite de cette attaque nous rendit maîtres des hauteurs de las Albuñuelas, où les 1ᵉʳ et 11ᵉ régiments de ligne prirent position, ayant le bataillon de voltigeurs de l'autre côté de la route. En même temps que ces succès s'obtenaient à la droite de la division Loverdo, les voltigeurs de la 1ʳᵉ brigade gravissaient la montagne de Campillo, et les 4ᵉ et 8ᵉ légers conduits par le général Bonnemains se dirigeaient vers les hauteurs escarpées qui sont à gauche, et forment le prolongement de celles appelées las Albuñuelas et qui dominent précisément le point de Campillo.

De son côté, le général Molitor, à la tête de la division Pelleport, et suivi des dragons, continuait son mouvement sur l'extrême droite de l'ennemi : arrivé à l'embranchement des chemins de Campillo et de Novalego, voyant que le terrain devenait de plus en plus difficile, et qu'il ne pouvait y faire usage de son artillerie, il la laissa à l'embranchement des débouchés sur Montejar et Isnallos, sous la garde de deux bataillons, ce qui réduisit encore ses forces agissantes.

Le général Saint-Chamans, à la tête des 4ᵉ et 20ᵉ de chasseurs, poursuivait sa marche jusqu'à Novalego d'où il chassa l'ennemi. Le général en chef, avec l'infanterie et les dragons, fit tête de colonne à droite, se dirigeant directement sur Campillo ; il descendit dans le vallon où est situé ce village par un sentier étroit où la cavalerie fut obligée de défiler par un, la bride au bras ; appuyée par deux compagnies de voltigeurs des 24ᵉ et 39ᵉ régiments, elle délogea l'ennemi du poste de Campillo où les Français entrèrent au son des cloches et aux acclamations des habitants.

Les Espagnols couronnaient les premiers mamelons qui obstruent la vallée immédiatement au-dessous du village ; le général Saint-Chamans n'hésita point à les attaquer, et après plusieurs charges vigoureuses il les rejeta sur la route de Cambil, où il tint ferme à l'aide d'un demi-bataillon du 39ᵉ sous le feu plongeant de l'ennemi, jusqu'à ce que le général Loverdo eût fait sa jonction.

En même temps, le 24ᵉ régiment et un bataillon du 39ᵉ, sous les ordres du général Buchet, avaient gravi les mamelons inférieurs qui s'élèvent entre les deux chaînes et dominent Campillo, en avaient chassé l'ennemi, et étaient parvenus sous un feu meurtrier de mousqueterie à s'établir sur le plateau assez large qui s'étend au pied du Castillo, ayant en réserve la division de dragons qui était venue se former sur ce même plateau où se trouvait le général en chef.

Aussitôt que le général Loverdo vit déboucher les têtes de colonne de la division Pelleport dans la vallée de Campillo, il fit attaquer par le général Bonnemains le mamelon qui domine le moulin de Velasco, situé sur le Dormillo, à une petite heure plus bas que Campillo ; le 1ᵉʳ bataillon du 8ᵉ léger l'attaqua de front, tandis que le 2ᵉ le tourna par la droite. Le régiment léger de Valence qui le défendait fit bonne contenance, et opposa d'abord un feu vif et nourri à l'attaque du 1ᵉʳ bataillon ; mais lorsqu'il se vit tourné par le second et menacé de ne pouvoir rejoindre le corps de bataille, il fléchit, fut mis en déroute, et perdit son drapeau, laissant sur le revers septentrional du mamelon beaucoup de morts et de blessés, outre une soixantaine de prisonniers parmi lesquels se trouvaient sept officiers.

Le général Loverdo était maître du chemin de Cam-

bil, et cependant l'ennemi occupait en force les hauteurs entre Campillo et le Castillo ; il y avait les régiments d'infanterie de Ballesteros, des Asturies, del
Infante don Antonio, de Vitoria, plus 7 à 800 chevaux.

Le général Bonnemains s'avança rapidement au-delà
du moulin de Velasco, et le général Corsin dans la
direction de Puerto-de-Arenas. Bientôt le feu fut engagé
sur toute la ligne. L'ennemi disputait avec ténacité le
terrain inextricable qu'il avait choisi, surtout au Cortijo
del Castillo ; deux fois il suspendit son feu pour essayer
de charger à la baïonnette, mais ses tentatives furent
repoussées avec énergie ; alors sa cavalerie se retira en
toute hâte par les crêtes du Castillo ; l'infanterie, aban-
donnée à elle-même, fut successivement chassée de
toutes ses positions par trois régiments de la division
Loverdo, et un de la division Pelleport que le général
en chef avait fait déboucher sur la gauche du plateau,
pendant que le 1er de ligne s'emparait du Puerto-de-
Arenas, et gardait le cours du Dormillo et les débouchés
sur Cambil.

Pressée de toute part, l'infanterie ennemie se retira
sur la position imposante del Castillo, et sema des tirailleurs dans les rochers, ses bataillons couronnant les
crêtes les plus avantageuses.

Le moment décisif était arrivé ; ce fut alors que la
1re brigade de la division Loverdo et les voltigeurs de
la 2e, appuyés par le 11e de ligne, attaquèrent vive-
ment la position du côté de Puerto-de-Arenas, tandis
que le général Pelleport, avec le 24e de ligne, soutenu
par le 39e, la tournèrent et l'assaillirent sur l'autre face
qui regarde Campillo : les tirailleurs de l'ennemi, em-
busqués dans les rochers, en furent délogés à la baïonnette, et bientôt sa ligne forcée sur tous les points de

cette formidable position se retira en désordre sur Cambil, laissant sur le champ de bataille plusieurs centaines de morts et de blessés, beaucoup d'armes et de bagages, et 300 prisonniers dont 30 officiers.

La nuit seule mit fin à notre poursuite. L'aspérité du terrain qui paralysa l'action de l'artillerie et surtout de la cavalerie française au dénouement de l'action, sauva, seule, l'armée espagnole d'une destruction totale. Réduit à 7 ou 8,000 hommes par les pertes du champ de bataille et par la désertion, coupé de Grenade, et sans espoir d'être rejoint par le corps de Zayas que le général Ordonneau poussait sur Malaga, le général Ballesteros proposa le lendemain 29 une convention qui mit fin aux hostilités avec cette armée, et la victoire de Campillo contribua ainsi au succès de la campagne.

Depuis le point du jour jusqu'à la nuit les troupes du 2ᵉ corps ont été constamment en marche ou aux prises avec l'ennemi ; elles ont eu 2 officiers et 14 sous-officiers ou soldats tués sur le champ de bataille, et 50 blessés dont 1 colonel et 2 capitaines. Cette perte légère en comparaison des résultats qui ont été obtenus, doit être attribuée à la résolution et à la valeur avec lesquelles les troupes ont abordé l'ennemi, et à l'habileté des généraux dans la direction des différentes attaques.

Les dispositions générales devaient avoir et ont eu en effet leur grande part d'influence sur le résultat de ce combat ; ainsi la position occupée par les Espagnols avait été judicieusement choisie, puisque déjà très forte, par sa nature, elle empêchait encore l'action de l'artillerie et de la cavalerie qui lui étaient opposées ; mais les troupes étaient disposées sur un front trop étendu, ce qui donna au général français la pensée et l'avantage de pouvoir paralyser l'aile gauche de son adversaire par des démonstrations heureusement exécutées, de concentrer la presque totalité de ses troupes contre l'aile droite de l'ennemi, de le battre et de le couper de sa base d'opération et de ses renforts qui étaient à Grenade, ce qui réduisit le général espagnol à capituler.

Les troupes espagnoles étaient numériquement presque doubles de celles des Français; mais ceux-ci avaient su réunir la masse de leurs forces disponibles sur le point décisif, et y ont agi avec vigueur et célérité; ces dispositions avaient nécessairement pour elles toutes les chances du succès qui a été obtenu.

PARIS. — IMPRIMERIE DE BOURGOGNE ET MARTINET,
rue Jacob, 30.